MAY - - 2009

Sobre la energía

Combustibles fósiles

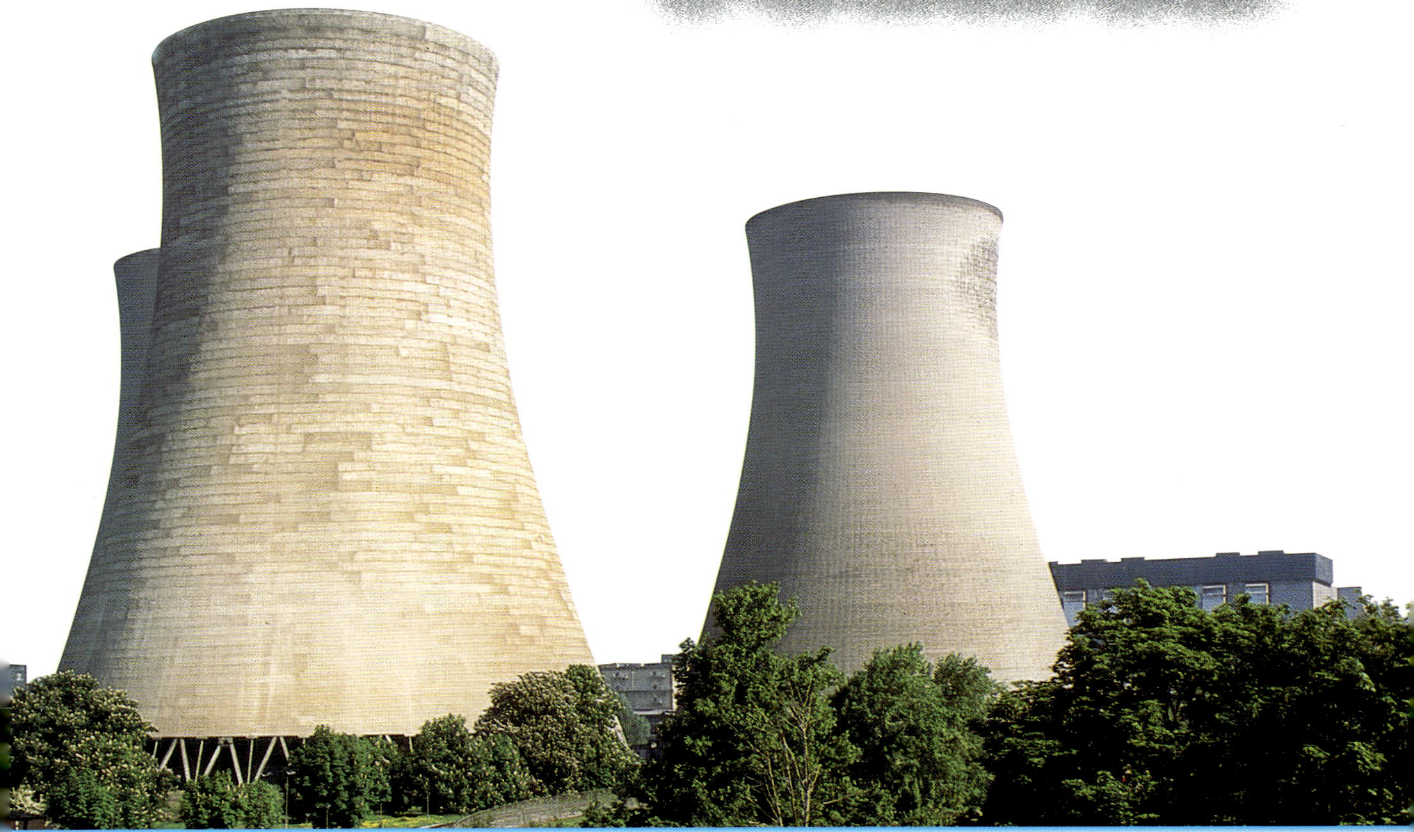

Nigel Saunders y Steven Chapman

Raintree
Chicago, Illinois

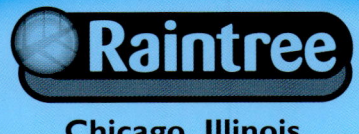

© 2008 Raintree
Published by Raintree,
A division of Reed Elsevier, Inc.
Chicago, IL

All rights reserved. No part of this publication may be reproduced or transmitted in any form or by any means, electronic or mechanical, including photography, recording, taping, or any information storage and retrieval system, without permission in writing from the publishers.

For information, address the publisher
Raintree, 1 N. LaSalle, Suite 1800, Chicago, IL 60602

Translation into Spanish produced by DoubleOPublishing Services

Printed and bound in China
12 11 10 09 08

Library of Congress Cataloging-in-Publication Data

Saunders, N. (Nigel)
 [Energy essentials. Fossil fuel. Spanish]
 Combustibles fósiles / Nigel Saunders and Steven Chapman.
   p. cm. -- (Sobre la energía)
 Includes index.
 ISBN 978-1-4109-3182-5 (hb) -- ISBN 978-1-4109-3186-3 (pb)
 1. Fossil fuels--Juvenile literature. I. Chapman, Steven. II. Title.
 TP318.3.S3818 2006
 333.8'2--dc22
                          2007047917

Acknowledgments
p.4/5, Science Photo Library; p.4, Science Photo Library/ D. Ouelette, Publiphoto Diffusion; p.5 (top)Corbis; p.5 (mid) Science Photo Library; p.5 (bottom), Science Photo library Zedcor/James Holmes; p.6/7, Science Photo Library; p.6, Corbis; p.7, Science Photo Library/Chris Butler; pp.8/9, Alamy; p.8, Science Photo Library; p.9, Oxford Scientfic Films; pp.10/11, Science Photo Library; p.10, Corbis; p.11, Oxford Scientfic Films; p.12/13, Corbis; p.12, Corbis; p.13, Corbis; p.14 (top), Heritage Images/ Science Museum/HIP/ Topfoto; p.14 (bottom), Science Photo Library; p.15, Corbis; p.16 left, Photodisc; p.16 right, Science Photo Library; p.17, Corbis/ Paul A Sonders; p.18 (top), Science Photo Library; p.18 (bottom), Oxford Scientfic Films; p.19, Corbis; p.20 (top), Corbis; p.20 (bottom), Science Photo Library; p.21, Rex Features; pp.22/23, photodisc; p.22, Science Photo Library/Vanessa Vick; p.24, Science Photo Library/ Martin Bond; p.25, Science Photo library Zedcor/James Holmes; p.26, Science Photo Library; p.27, Science Photo Library/Ben Johnson; pp.28/29, Science Photo Library; p.29, Science Photo Library; p.30 (right), Science Photo Library; p.30 (left), Science Photo Library; p.31, Corbis; p.32, Science Photo Library; p.34 (top), Corbis/ Document General Motors/Reuter R; p.34 (bottom), Science Photo Library; p.35, Science Photo Library/ Simon Fraser; pp.36/37, Getty Images News and Sport; pp.38/39, Science Photo Library; p.38, Getty Images News and Sport; p.39, Oxford Scientfic Films; pp.40–41, Ecoscene; p.40, Science Photo Library; p.41, Science Photo Library/ Martin Bond; p.42 (right), Science Photo Library; p.42 (left), Getty Images News and Sport; p.43, Rex Features/Stewart Cook.

Cover photograph of gas hob reproduced with permission of Getty Imagebank

Every effort has been made to contact copyright holders of any material reproduced in this book. Any omissions will be rectified in subsequent printings if notice is given to the publishers.

Disclaimer:
All the Internet addresses (URLs) given in this book were valid at the time of going to press. However, due to the dynamic nature of the Internet, some addresses may have changed, or sites may have changed or ceased to exist since publication. While the author and Publishers regret any inconvenience this may cause readers, no responsibility for any such changes can be accepted by either the author or the Publishers.

Contenido

¿Qué son los combustibles?   4

Carbón   6

Petróleo   18

Gas natural   26

Problemas con los combustibles fósiles   30

¿Qué sigue?   38

Descubre más   44

Glosario   46

Índice   48

> Todas las palabras del texto que aparecen en negrita, **como éstas**, se explican en el Glosario. También puedes buscarlas en el Almacén de palabras al final de cada página.

¿Qué son los combustibles?

Un combustible es algo que emite calor u otra clase de **energía** cuando se quema. Los combustibles almacenan energía. Podemos convertir la energía en calor, luz o sonido. Además, los combustibles se pueden usar para mover cosas. Uno de los principales usos de los combustibles es generar electricidad.

Combustibles malos

No todo lo que se quema es un buen combustible. Los neumáticos de caucho que ves debajo se queman con facilidad. No son un buen combustible porque producen un humo espeso y negro y gases venenosos.

Almacén de palabras

energía   capacidad de realizar trabajo. La luz, el calor y la electricidad son tipos de energía.

Combustibles fósiles

¿Alguna vez has visto un fósil? Un fósil es el resto de una planta o animal que vivió hace millones de años. Los **combustibles fósiles** son los restos **fosilizados** de plantas y animales que almacenan energía de una forma que podemos usar. Hay tres tipos de combustibles fósiles: carbón, petróleo y gas natural. En este libro lo vas a descubrir todo sobre estas sustancias.

Luego descubrirás...

... cómo cavan estas máquinas.

... qué hacen las grandes plataformas petroleras.

... para qué se usan los combustibles fósiles.

▲ Los buques como éste se usan para transportar combustibles, como petróleo o gas natural, a todas partes del mundo.

combustible fósil combustible formado por los restos de plantas y animales antiguos

Carbón

Pantanos
Esto es un pantano. Es similar a aquéllos donde se formó el carbón hace millones de años.

El carbón es un tipo de roca **fosilizada**. Está compuesto de los restos de plantas antiguas que vivieron hace millones de años.

La luz del sol hace los bosques

Hace aproximadamente unos 300 millones de años, el mundo era muy distinto. Era mucho más cálido que hoy. La tierra estaba cubierta de extensos bosques pantanosos.

Los árboles y las otras plantas de los bosques capturaban la **energía** solar y la almacenaban.

Almacén de palabras fosilizado convertido en piedra

Los bosques mueren

Cuando se secaron las plantas que crecían en estos bosques pantanosos, no desaparecieron por completo, sino que se formaron capas de plantas a medida que las plantas muertas se amontonaban unas sobre otras. Estas capas fueron sepultadas con el tiempo por capas de lodo y arena.

De la planta al carbón

Después de millones de años, las capas de plantas se convirtieron lentamente en carbón. La energía del sol almacenada en los árboles permanece en esas capas de carbón.

La época de los dinosaurios
El carbón se formó millones de años antes de que los dinosaurios vivieran en la Tierra.

◀ La Tierra era más cálida hace 300 millones de años. Las plantas crecían muy rápidamente en pantanos como el que ves aquí.

Tipos de carbón

Se formaron diversos tipos de carbón. El tipo dependía del tiempo y de la profundidad a la que permanecía sepultado el carbón. El carbón está compuesto principalmente de **carbono**. Cuanto más carbono contenga el carbón, mejor será su combustión y menor **contaminación** causará.

Antracita

La antracita está compuesta prácticamente de carbono únicamente y es el mejor tipo de carbón. Es dura, negra y brillante. Cuando se quema, emite mucho calor.

Turba

La turba es un tipo de combustible que proviene de los restos de plantas de **tremedales** que han sido sepultadas durante miles de años. Se sacan a la superficie y se secan antes de quemarlas.

Almacén de palabras

carbono   tipo de sustancia química

Carbón bituminoso

El tipo más común de carbón se denomina carbón bituminoso. Puede ser blando y polvoriento o duro y brillante. Se quema con una llama caliente pero produce mucho humo.

Lignito

El lignito es el carbón con menor cantidad de carbono. Emite el menor grado de calor y produce la mayor cantidad de humo. Se usa principalmente en **centrales de energía,** para generar electricidad.

▼ Aquí ves antracita quemándose.

Hojas fosilizadas

A veces es posible encontrar hojas **fosilizadas** en trozos de carbón.

contaminación   sustancias nocivas en el aire, el agua o el suelo

Extraer carbón

Una lámina de carbón se denomina **veta** de carbón. En lugares donde las vetas de carbón se encuentran cerca de la superficie, es posible extraer el carbón mediante extracción a cielo abierto. Las grandes máquinas de excavación remueven la tierra y las rocas que yacen sobre el carbón. Luego, se puede extraer el carbón.

▼ Esta mina a cielo abierto se encuentra en Alemania. El carbón que se extrae de allí se usa en una **central de energía** cercana.

Máquinas de minería

Se necesitan grandes máquinas para extraer la tierra y las rocas mediante extracción a cielo abierto. Una excavadora, como la de debajo, puede extraer más de 100 yardas cúbicas (90 metros cúbicos) de tierra a la vez.

10 **Almacén de palabras**   medio ambiente   el mundo que nos rodea

Recuperación de tierra

La extracción a cielo abierto puede provocar mucho daño al **medio ambiente**. Para mitigarlo, la tierra se puede **recuperar** una vez finalizado el procedimiento de extracción. Esto quiere decir que se vuelve a colocar la tierra y la roca que se habían extraído. Luego se plantan árboles, arbustos y césped. Algunos terrenos recuperados se convierten en parques para uso recreativo o para la vida silvestre.

Recuperación de la tierra

La figura de arriba muestra un área de tierra que ha sido recuperada luego de la extracción a cielo abierto.

recuperar   hacer que algo pueda volver a utilizarse

Minería subterránea

Si una **veta** de carbón es muy profunda, se extrae desde las profundidades de la tierra.

La minería subterránea puede ser muy peligrosa para los mineros. Se cavan hoyos profundos, denominados **pozos**, y los mineros deben trabajar en zonas subterráneas a grandes profundidades. El carbón se corta del **frente de explotación de carbón** usando herramientas especiales. Luego, las **cintas transportadoras** lo llevan hasta los pozos desde donde salen a la superficie.

Caballos mineros
Hace muchos años, se usaban caballos mineros y niños para sacar el carbón de las minas.

Almacén de palabras — **frente de explotación de carbón** parte de una veta de carbón que está siendo cortada

Minería de cámara y pilar

Si se extrajera todo el carbón de una veta, la mina podría colapsar. Para impedirlo, los mineros dejan algunas gruesas columnas de carbón para sostener el techo. Éstas están rodeadas de "cámaras", de donde el carbón ha sido extraído. De este modo, es menos peligroso para los mineros. Pero, en realidad sólo se puede extraer la mitad del carbón de una veta.

▼ Aproximadamente dos tercios del carbón del mundo se extrae mediante minería subterránea.

Minería de frente largo

En la minería de frente largo (arriba), unas cuchillas giratorias cortan el carbón y las máquinas sostienen el techo. Una vez que se ha extraído el carbón, se deja caer el techo. Desafortunadamente, esto frecuentemente hace que **se hunda** la superficie superior.

hundirse   caerse

Energía de vapor

Hace apenas 200 años, existían muy pocas máquinas en el mundo. Muchas eran impulsadas por caballos o personas. Sin embargo, la invención del motor a vapor permitió la incorporación de maquinarias y transporte motorizados.

El combustible que utilizaban las máquinas y los motores a vapor era el carbón. Ésta fue la era de la **Revolución Industrial**. Comenzó en Gran Bretaña y rápidamente se extendió a otras partes del mundo.

El motor a vapor
Éste es un modelo de uno de los primeros motores a vapor. Fue construido por James Watt en 1769.

▶ Éste es un tren a vapor. Su combustible es el carbón, que se quema para hervir agua y generar vapor. El vapor impulsa el motor.

Almacén de palabras

Revolución Industrial   período de rápido desarrollo industrial a fines del siglo XVIII y a principios del siglo XIX

Problemas con el carbón

Durante la Revolución Industrial, el carbón era el combustible utilizado en casi todas las máquinas. Sin embargo, al quemar el carbón se generaba humo: una mezcla de gas y **partículas** de combustible sin quemar.

El humo dificulta la respiración de las personas. También puede oscurecer los árboles y los edificios. El quemado de carbón ha causado mucho daño al **medio ambiente**.

Smog letal

En Londres, Inglaterra, en diciembre de 1952, el humo de los hogares y las fábricas se mezcló con la niebla y ocasionó un espeso **smog** negro. La visión se hacía casi imposible. Los autobuses debían ser guiados por personas que sostenían banderas blancas (izquierda). Aproximadamente 4,000 personas murieron a causa de problemas respiratorios.

smog   mezcla de humo y niebla

Detener la contaminación

Las antiguas centrales de energía a carbón, como la que aparece debajo, producían mucha **contaminación**. Actualmente, las centrales de energía tienen **filtros** en sus chimeneas que evitan la salida de cenizas y gases.

▲ Éstas son las torres de enfriamiento de una central de energía. El "humo" que emanan las chimeneas es, en realidad, vapor inofensivo.

El carbón en la actualidad

Actualmente, las personas de todo el mundo utilizan cada vez más carbón. Una parte se utiliza para impulsar máquinas o calentar hogares. En la actualidad, el carbón se usa principalmente en **centrales de energía**, en donde se emplea para generar electricidad.

Generación de electricidad

En las centrales de energía se quema carbón para producir **energía** calorífica. Este calor hace hervir agua para producir vapor. El vapor hace funcionar un **generador** que produce electricidad.

Almacén de palabras generador   máquina que produce electricidad

Otros usos del carbón

Si el carbón se calienta a altas temperaturas, produce coque, gas de hulla y alquitrán de hulla. El coque es un buen combustible y se utiliza en la fabricación de **acero**.

El gas de hulla puede quemarse como el gas natural, para la calefacción y la iluminación. El alquitrán de hulla es una mezcla de varias sustancias. Algunas de ellas se utilizan para fabricar tinturas, pinturas, barnices, jabones, medicinas y **pesticidas**. El alquitrán de hulla también se utiliza para cubrir la superficie de las carreteras.

Fabricación de acero

El coque es una materia prima importante en el proceso de fabricación de acero. Este hombre está vertiendo **acero derretido** en una planta de acero en Canadá.

acero   metal hecho con hierro

Petróleo

Al igual que el carbón, el petróleo está compuesto de restos de antiguos seres vivos. Pero mientras el carbón está compuesto de plantas, el petróleo está compuesto de los restos de pequeñas criaturas marinas.

Hace millones de años, cuando estas criaturas murieron, se depositaron en el fondo del mar. Luego, se cubrieron con capas de arena y lodo. Después de millones de años, se convirtieron en petróleo.

▼ La extracción de petróleo es un trabajo sucio.

Petróleo y agua

El petróleo y el agua no se mezclan. El petróleo no se mezcla con el agua, sino que flota sobre ella. Es por eso que, con frecuencia, ves manchas de petróleo en forma de espiral en charcos de agua junto a la carretera (arriba).

Almacén de palabras yacimiento petrolífero reserva subterránea de petróleo

Yacimientos petrolíferos y pozos de alquitrán

El petróleo se forma en enormes **yacimientos petrolíferos** subterráneos. En algunas áreas en donde las rocas son **porosas**, el petróleo sube a través de ellas hasta la superficie. Cuando el petróleo llega a la superficie, se forman áreas pegajosas denominadas pozos de alquitrán.

Trampas para animales

En el pasado, algunos animales se cayeron y se ahogaron en pozos de alquitrán. Los pozos de alquitrán del Rancho La Brea, en California, (izquierda) contienen huesos de tigres dientes de sable y de otros animales antiguos que vivieron hace más de 30,000.

poroso   que deja pasar líquidos y gases

Búsqueda de petróleo

Los geólogos son científicos que estudian las rocas. Para buscar petróleo, analizan información acerca de las rocas subterráneas. Buscan capas de rocas en donde podría haber quedado atrapado petróleo.

Una vez que los geólogos encuentran un buen lugar para extraer petróleo, una **plataforma** de perforación realiza perforaciones de prueba.

Buscar petróleo
A menudo, se utilizan satélites espaciales para buscar petróleo.

▼ Se utilizan plataformas de perforación y plataformas petroleras gigantes para extraer petróleo del mar.

Almacén de palabras

plataforma   estructura de gran tamaño utilizada para extraer el petróleo que se encuentra bajo tierra o en el fondo del mar

Búsqueda de petróleo en el mar

Si con la prueba de perforación se encuentra petróleo bajo el mar, se construye una enorme plataforma de extracción de petróleo. Luego, se cava un pozo de más de un tercio de milla (varios cientos de metros) de profundidad. El pozo se reviste de acero para evitar que se derrumbe.

La parte superior del pozo se sella con fuertes **válvulas** que evitan las filtraciones de petróleo. Las válvulas permiten que se abra y se cierre el flujo de petróleo. El petróleo fluye a través de tuberías hacia tanques de almacenamiento en tierra firme.

¡Reventón!

En ocasiones, el petróleo ejerce presión y sale del pozo salpicando la plataforma de perforación como si fuera una fuente. Esto se llama reventón. Cuando se produce esto en el mar, el petróleo se quema en la superficie del mar.

válvula   llave que controla el movimiento del líquido o el gas en una tubería

Refinado de petróleo

El petróleo no puede utilizarse directamente después de ser extraído. Se **refina** en una refinería, donde se separa en diferentes partes.

En la refinería

En la refinería, el petróleo se calienta a elevadas temperaturas. Luego se bombea al fondo de una alta torre de metal. En el fondo está muy caliente; comienza a enfriarse a medida que sube.

Derrames de petróleo

A menudo, los barcos petroleros que transportan petróleo encallan y derraman el petróleo. Cuando esto sucede, el petróleo espeso y negro **contamina** el mar, mata la vida silvestre y daña las playas.

▼ En las refinerías de petróleo, se separan diferentes combustibles del petróleo crudo y se almacenan en grandes contenedores.

Almacén de palabras   refinado   limpiado, purificado

Cortes

Las sustancias del petróleo se **evaporan** y sus **vapores** suben a la parte superior de la torre. Las sustancias que tienen puntos de ebullición altos, como el diésel, son las primeras en **condensarse**, cerca del fondo de la torre. Las sustancias que tienen puntos de ebullición bajos se elevan más en la torre (ver el diagrama de la página 25).

El vapor se condensa y vuelve a convertirse en líquido, y luego se almacena. Las diferentes sustancias que se separan con este método se llaman **cortes**.

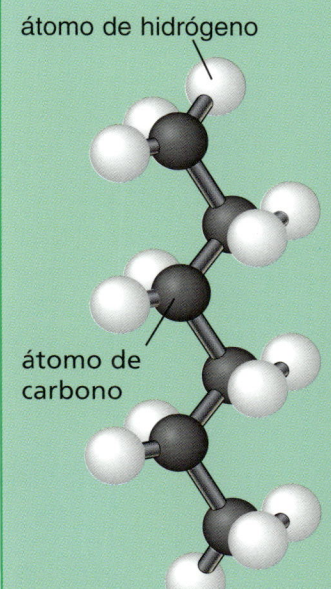

átomo de hidrógeno

átomo de carbono

Hidrocarburos

Las sustancias del petróleo se llaman hidrocarburos. Esto significa que sus **moléculas** están formadas por **átomos de carbono** e hidrógeno. Éste es un modelo de un hidrocarburo que se encuentra en el petróleo.

condensar   pasar de estado gaseoso a líquido

Los usos del petróleo

Los **cortes** de petróleo tienen una increíble variedad de usos. Muchos se utilizan como combustibles. Otros se utilizan como **materia prima** en la industria química.

El residuo

El material del fondo de la torre se llama residuo. Contiene alquitrán, que se utiliza en la superficie de las carreteras. El alquitrán se utiliza también para la fabricación de ceras de parafina, velas y betunes.

En el residuo también encontramos un líquido espeso llamado aceite combustible. Es un buen combustible para embarcaciones y **centrales de energía**.

Combustibles para la tierra y el aire

La gasolina, el diesel y el kerosén también se encuentran en el petróleo. Se utilizan como combustible: la gasolina para los automóviles; el kerosén para los aviones y el diésel para los automóviles, trenes, tranvías y autobuses.

Cuatro gases útiles

Gases como butano, propano, metano y etano salen por la parte superior de la torre.

Desintegración del petróleo
Ésta es una planta de desintegración. Transforma las sustancias de petróleo en líquidos nuevos como la gasolina. Este proceso se llama "desintegración".

Almacén de palabras
corte   una de las diferentes sustancias del petróleo

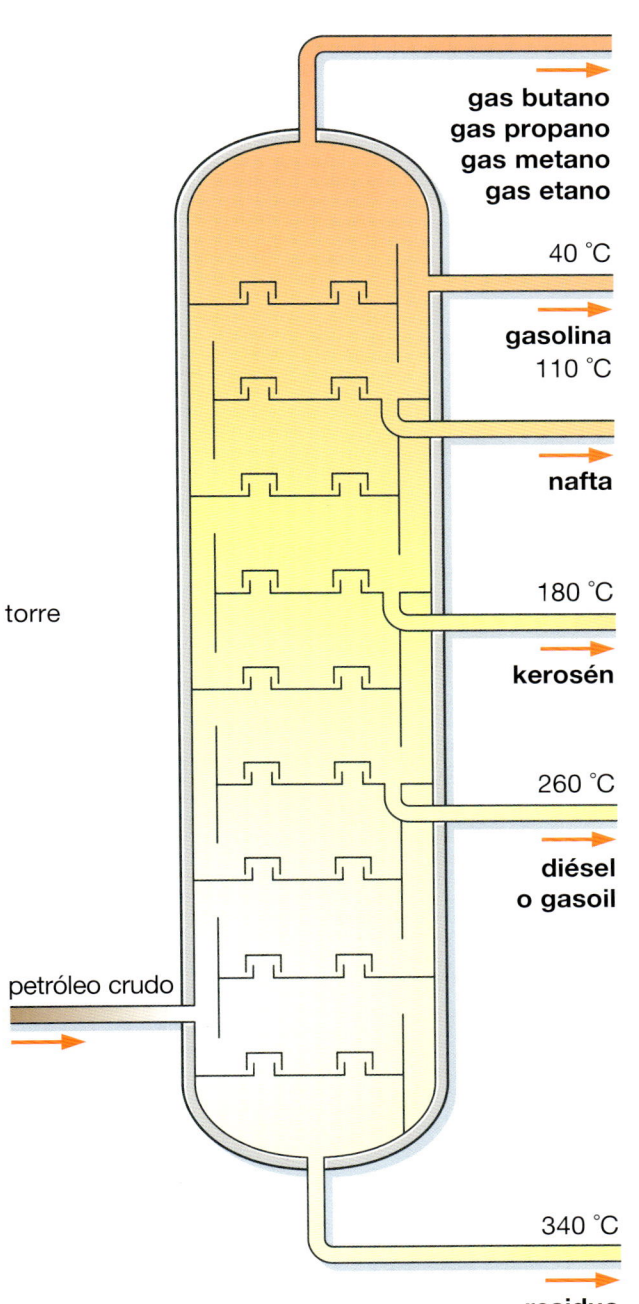

torre — petróleo crudo

gas butano
gas propano
gas metano
gas etano

40 °C

gasolina
110 °C

nafta

180 °C

kerosén

260 °C

diésel
o gasoil

340 °C

residuo

▲ Éstas son las sustancias principales que se separan del petróleo en una refinería.

Fabricación de productos con nafta

La nafta también se obtiene del petróleo. La nafta se utiliza para fabricar muchos productos, como jabones, caucho y medicinas. Los plásticos, como el polietileno (arriba), también se fabrican con nafta.

materia prima sustancia natural que se utiliza para fabricar productos

Gas natural

El gas natural se forma de la misma manera que el petróleo. Con frecuencia, el gas y el petróleo están juntos. Siempre hay una capa de roca **no porosa** sobre ellos, atrapándolos bajo tierra.

El gas y el petróleo se extraen de la tierra de la misma manera. Se cava un pozo profundo en el suelo. Si un pozo tiene suficiente gas y petróleo como para ser considerado útil, éste se denomina pozo productivo. Un pozo del que se extrae poco gas o del que no se extrae gas se considera un pozo seco.

Gas metano

Cuando las plantas y los animales muertos se descomponen, emanan gas metano. Esto puede causar explosiones en los **vertederos de basura**. Para evitar que esto ocurra, deben dejarse respiraderos (huecos) para permitir que salga el gas. Aquí, un científico mide la cantidad de gas que sale por un respiradero del vertedero.

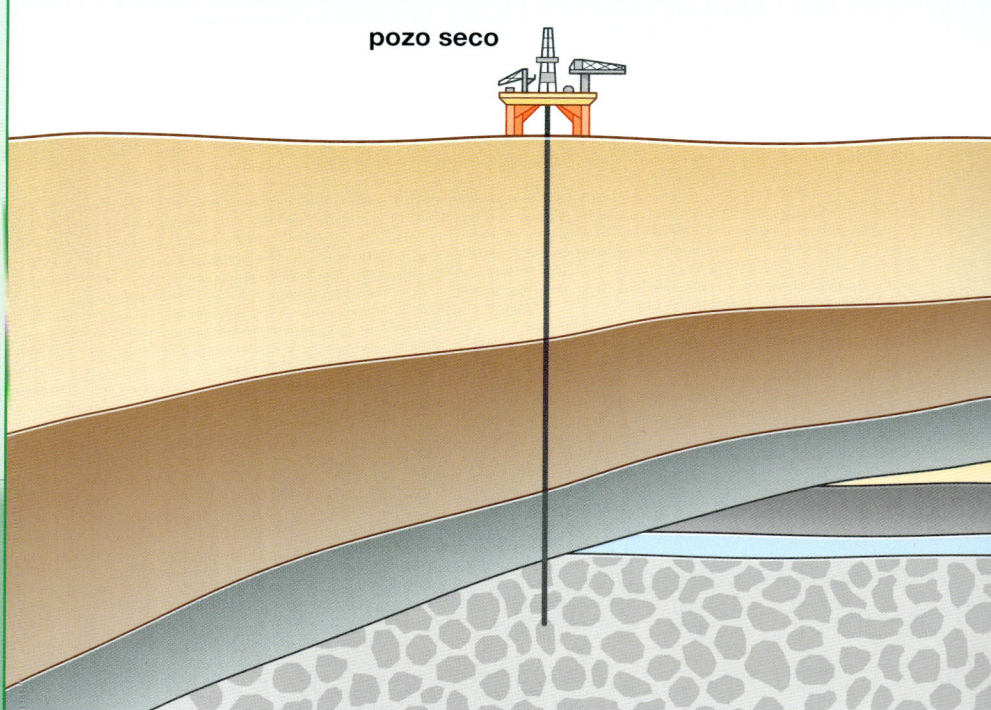

pozo seco

Almacén de palabras   no poroso   no permite pasar los líquidos y gases

Separación del gas natural

Generalmente, el gas natural se envía de los campos de gas a la refinería a través de tuberías. En la refinería, el gas natural se separa en propano, butano, metano y etano.

El gas natural es principalmente metano y es el que usamos en nuestros hogares. El metano no tiene olor, color ni sabor. También es muy peligroso. Las empresas de gas le agregan un químico de mal olor para que las personas puedan olerlo en caso de una fuga de gas.

▼ En uno de estos pozos se ha encontrado un área de petróleo y gas. Por lo tanto, es un pozo productivo. El otro es un pozo seco y no se ha encontrado combustible.

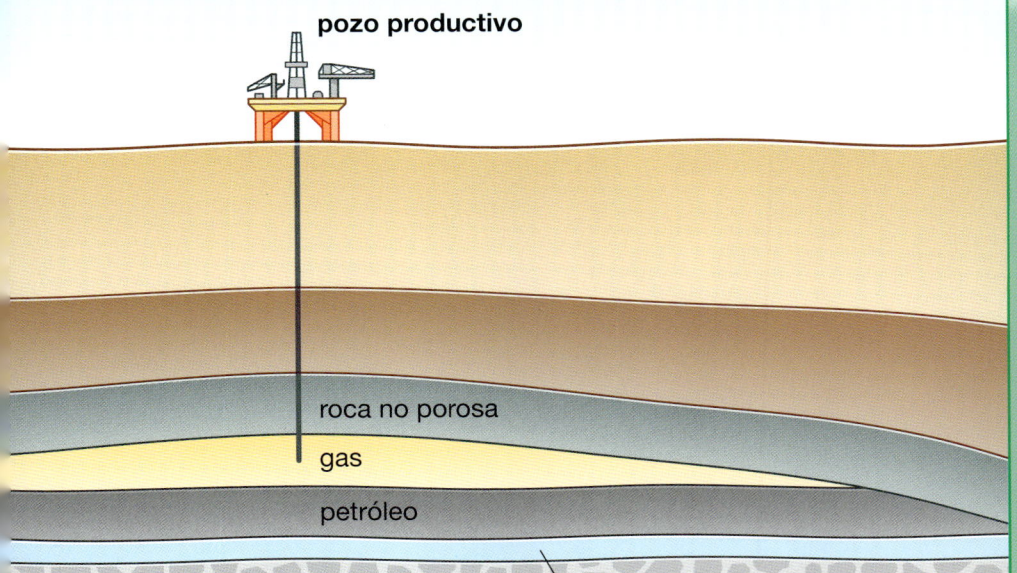

Seguridad subterránea

El gas natural puede fugarse en las minas de carbón. Los primeros mineros necesitaban lámparas. La llama de la lámpara podía causar una explosión y matar a los mineros. Sir Humphry Davy inventó una lámpara de seguridad para los mineros (debajo). Esta lámpara podía llevarse a la mina sin riesgo de causar explosiones.

vertedero   depósito de desperdicios

Tuberías

El gas natural es transportado por todo el mundo en una inmensa red de tuberías subterráneas. Las potentes bombas empujan el gas a lo largo de grandes tubos. Los tubos se bifurcan al interior de pueblos y ciudades. Estos se tornan más angostos en cada ramal hasta que el gas ingresa en hogares, oficinas o fábricas, a través de un tubo angosto de plástico.

El gas comienza su recorrido a muy alta **presión**. Esto podría resultar peligroso ya que sería muy difícil contener las fugas en los hogares. Al llegar a tu casa, la presión ha disminuido a un nivel seguro.

Lámpara de Bunsen

La lámpara de Bunsen fue inventada por los científicos alemanes Gustav Kirchhoff y Robert Bunsen a mediados del siglo XIX. La lámpara de Bunsen quema gas natural y se utiliza en experimentos científicos (arriba).

▼ Uno de los usos principales del gas natural en nuestros hogares es cocinar.

Almacén de palabras

presión   cantidad de fuerza que empuja un cuerpo

Usos del gas natural

El gas natural se utiliza en hogares, escuelas, oficinas, restaurantes y hoteles para:
- cocinar;
- calentar agua;
- hacer funcionar sistemas de aire acondicionado.

Se utiliza en fábricas para:
- la calefacción;
- el aire acondicionado;
- como **materia prima** en la elaboración de productos químicos.

También se utiliza en **centrales de energía** a gas como combustible para generar electricidad.

Conducir con gas

El gas natural puede utilizarse como combustible para los vehículos. Aquí, un autobús repone combustible en una estación de gasolina especial.

central de energía   lugar en el que se genera electricidad

Problemas con los combustibles fósiles

Es posible que los combustibles fósiles sean muy importantes para nosotros, pero tienen dos grandes problemas. Cuando los usamos, causan **contaminación** en nuestro **medio ambiente** y, además, están agotándose.

Dióxido sulfúrico

Cuando se queman combustibles fósiles, estos liberan al aire un gas llamado dióxido sulfúrico. El dióxido sulfúrico se disuelve en el agua de lluvia y produce la **lluvia ácida**.

Volcanes

El dióxido sulfúrico también es liberado en el aire por los volcanes. El monte St. Helens, en Washington, (arriba) emanó aproximadamente 450,000 toneladas cortas (400,000 toneladas métricas) de dióxido sulfúrico al hacer erupción en 1980.

▼ La lluvia ácida ha dañado esta escultura de un león.

Almacén de palabras **lluvia ácida** lluvia que contiene sustancias que dañan construcciones y seres vivos

Lluvia ácida

La lluvia ácida daña el medio ambiente de diferentes formas. Disuelve metales y las superficies de piedra de edificios y estatuas. Al caer lluvia ácida sobre el suelo, elimina **minerales** importantes del suelo. Los árboles y las plantas no pueden crecer de forma adecuada y, con el tiempo, mueren. Cuando la lluvia ácida llega a los ríos y lagos, puede matar tanto plantas como animales.

Cómo vencer la lluvia ácida

Para detener la lluvia ácida, el humo de las centrales de energía puede filtrarse a fin de quitarle el dióxido sulfúrico. Además, el sulfuro puede extraerse de los combustibles antes de quemarlos.

▼ Esta embarcación está rociando cal en polvo sobre un lago contaminado por lluvia ácida. La cal **neutraliza** el efecto de la lluvia ácida.

neutralizar   hacer que una sustancia sea neutra; es decir, ni ácida ni alcalina

El efecto invernadero

La **atmósfera** mantiene caliente a la Tierra. Ésta es la capa de gases que rodea la Tierra. Si no existiera la atmósfera, la Tierra sería un lugar frío.

Los gases de la atmósfera atrapan la **energía** calorífica del sol. Los gases funcionan de la misma manera que el vidrio de un invernadero, por eso los llamamos gases invernadero. El dióxido de carbono, que se encuentra naturalmente en la atmósfera, es el gas invernadero más importante. La conservación del calor de la Tierra de esta manera se conoce como **efecto invernadero**.

Vacas y arrozales
El metano es el gas principal el gas natural. También en un gas invernadero. Los cultivos de arroz (arriba) y los animales en pastoreo emanan metano en grandes cantidades.

▼ El efecto invernadero significa que los gases de la atmósfera atrapan parte de la energía calorífica del sol.

Almacén de palabras   atmósfera   la capa de gases que rodea el planeta

Calentamiento global

El quemado de **combustibles fósiles** significa que se libera en la atmósfera una gran cantidad adicional de dióxido de carbono. Muchos científicos creen que el dióxido de carbono adicional atrapa más calor e intensifica el efecto invernadero más de lo normal. Por ello, las temperaturas están elevándose en todo el mundo. Esto se llama **calentamiento global**.

Niveles de dióxido de carbono

La siguiente gráfica muestra de qué forma se ha elevado el nivel de dióxido de carbono en los últimos 140 años. La temperatura promedio de la Tierra también ha aumentado durante este período.

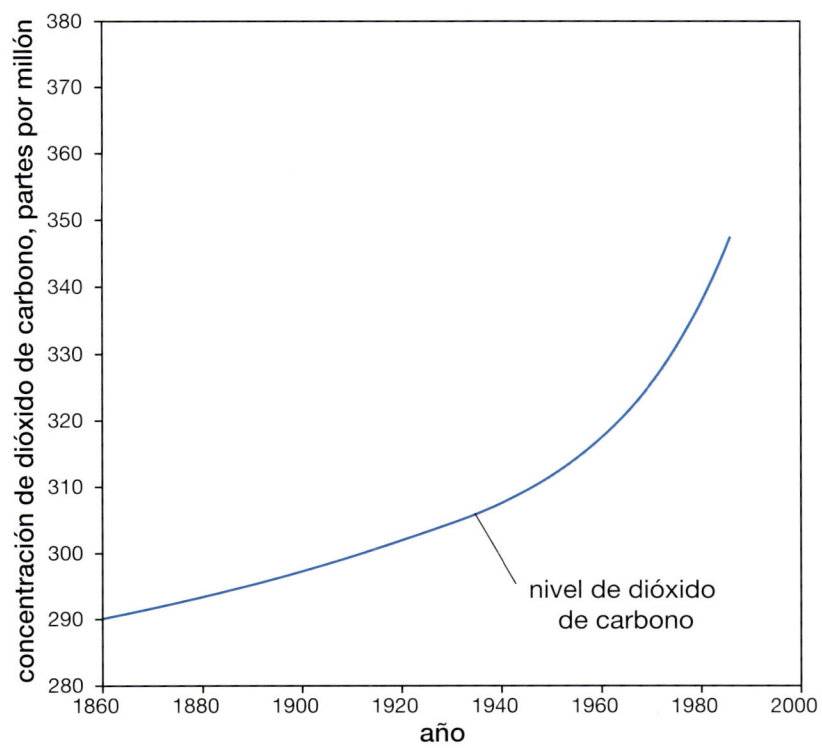

calentamiento global   calentamiento excesivo de la Tierra causado por un aumento del efecto invernadero

Convertidores catalíticos

Los convertidores catalíticos (arriba) se conectan al tubo de escape de los vehículos para quitar algunos de los gases contaminantes.

Gases de combustión

Todos los motores a gasolina y diésel generan una gran cantidad de gases **contaminantes**. Son liberados a la **atmósfera** mediante el tubo de escape del vehículo.

El principal gas de combustión es el monóxido de carbono. Éste es un gas muy tóxico. Otros gases, como el nitrógeno, contribuyen a que se forme la **lluvia ácida**.

▼ Los gases residuales de los tubos de escape de los automóviles son desagradables y contaminan el aire que respiramos.

Almacén de palabras

Ozono

El ozono es un gas. Cuando se encuentra a altura de la atmósfera, nos protege de la perjudicial **luz ultravioleta** del sol. Sin embargo, si se encuentra a nivel del suelo causa picazón en los ojos y problemas respiratorios. La luz del sol hace que las diferentes sustancias presentes en los gases de combustión **reaccionen** entre sí y produzcan ozono. Esto causa un gran problema en las ciudades durante los días de verano. Además, el viento puede trasladar el ozono al campo, donde daña los cultivos.

Smog moderno

El *smog* es una desagradable mezcla de sustancias nocivas en el aire. El *smog* puede trasladarse a grandes distancias desde las ciudades donde se genera. En la siguiente foto, el *smog* se ha trasladado cientos de millas (cientos de kilómetros), desde la ciudad de Los Ángeles, California, a las montañas.

luz ultravioleta   luz invisible que puede dañar la piel, los ojos y las plantas que están creciendo

Tipo de combustible fósil	Carbón	Petróleo	Gas natural
Tiempo restante hasta agotarse	214 años	39 años	61 años

Algunas proyecciones

La tabla de arriba muestra el momento en el que se espera que se agoten el carbón, el petróleo y el gas natural. Los científicos creen que ya hemos utilizado la mitad de la reserva mundial de petróleo, de modo que es probable que éste sea el primero en agotarse.

Agotamiento

¿Podríamos vivir sin **combustibles fósiles**? La respuesta es simple: sí. Se están agotando y algún día tendremos que hacerlo. Los combustibles fósiles son recursos energéticos **no renovables**. Esto significa que no pueden ser reemplazados.

Debemos encontrar otras fuentes de combustibles, preferiblemente **renovables**.

▼ Al agotarse los combustibles fósiles, las estaciones de gasolina vacías serán un paisaje común.

Almacén de palabras no renovable que se agotará un día y no puede reemplazarse

Nuevas zonas

A pesar de que cada año se descubren nuevos yacimientos de carbón, petróleo y gas, la cantidad de nuevas zonas está disminuyendo. Cuando los combustibles fósiles comiencen a agotarse, su precio se elevará. Pronto deberán explorarse las zonas que en este momento se consideran de difícil acceso y costosas.

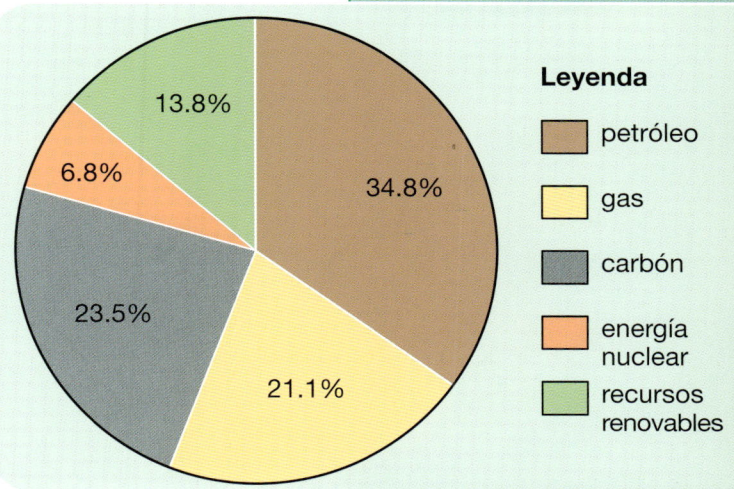

Leyenda
- petróleo
- gas
- carbón
- energía nuclear
- recursos renovables

Otros recursos

En este momento, aproximadamente el 80 por ciento de la energía del mundo proviene de los combustibles fósiles. El diagrama circular de arriba muestra los tipos de energía utilizados en el mundo actualmente.

renovable que no se agotará y puede reemplazarse

¿Qué sigue?

Es importante recordar que los **combustibles fósiles** no sólo se utilizan como **recursos energéticos**. También son importantes **materias primas**. Una vez que se hayan agotado los combustibles fósiles, muchas sustancias útiles deberán elaborarse con otros materiales.

La energía de las plantas

Las plantas ya son una fuente muy útil de materias primas. De ellas obtenemos madera, caucho, corcho y muchas medicinas. Pronto podríamos estar conduciendo automóviles impulsados por aceite vegetal. Las semillas de algunas plantas contienen aceite vegetal, que puede transformarse en un combustible llamado "biodiésel".

Combustible de hidrógeno

El hidrógeno es un gas que se quema con mucha facilidad y puede utilizarse como combustible para los automóviles, como el que se muestra arriba. Sin embargo, el hidrógeno es altamente explosivo y es difícil de almacenar y manipular.

▲ Las centrales de energía nuclear producen electricidad sin utilizar combustibles fósiles.

Almacén de palabras

recurso energético algo a partir de lo cual podemos obtener cantidades de energía útiles

Energía nuclear

La **energía nuclear** es la energía almacenada dentro de los **átomos**. En las **centrales de energía** nuclear, los átomos de uranio se dividen. Esto libera grandes cantidades de energía calorífica, que luego se utiliza para producir vapor, hacer girar las **turbinas** y **generar** electricidad.

Uranio

El uranio es el metal que se utiliza como materia prima en las centrales de energía nuclear. A pesar de que genera una forma de energía muy útil, también emana energía invisible que es muy peligrosa para los seres vivos.

Energía geotérmica

El interior de la Tierra es muy caliente. Las centrales de energía **geotérmica**, como la siguiente, utilizan este calor para proporcionar energía. Se bombea agua caliente desde las profundidades del suelo hacia la superficie, donde puede utilizarse para calentar casas o generar electricidad.

átomo   diminuta partícula que conforma toda materia

Recursos energéticos renovables

Los **recursos energéticos renovables** incluyen la **energía solar**, la energía eólica y la **energía hidroeléctrica**.

Energía eólica

Durante siglos, se ha utilizado la energía eólica para proporcionar **energía**. En la actualidad, las centrales eólicas constan de filas y filas de aerogeneradores. Los aerogeneradores no generan **contaminación**, sin embargo, a algunas personas que viven cerca de ellos les molesta el ruido que producen.

Energía solar

Las centrales de energía solar utilizan la energía del sol para **generar** electricidad. En las centrales de energía solar hay espejos gigantes (arriba) que concentran el calor del sol y lo utilizan para hervir agua; es decir, generar energía.

Almacén de palabras

energía hidroeléctrica electricidad producida al utilizar la energía del agua en movimiento

Energía hidroeléctrica

El agua en movimiento contiene mucha energía. En una central de energía hidroeléctrica, se construye una **represa** de un lado a otro de un río para crear un lago. Se deja ingresar el agua a través de la represa, lo cual hace girar las turbinas, que luego encienden los **generadores**.

▼ Aproximadamente el 25 por ciento de la electricidad del mundo se produce utilizando energía hidroeléctrica.

Células solares

Las células solares transforman la energía solar en electricidad. Estas casas de los Países Bajos (arriba) son abastecidas de energía a través de las células solares que se encuentran en sus techos.

represa barrera construida de un lado a otro de un río para crear un lago y almacenar agua

La búsqueda continúa

Al reducirse cada vez más las reservas de combustibles fósiles, tendremos que realizar búsquedas más exhaustivas. Los nuevos yacimientos petrolíferos se encuentran generalmente en lugares lejanos (arriba). En general, las nuevas carreteras, tuberías y refinerías que se construyen dañan el medio ambiente de fabulosos lugares silvestres.

▶ Cuando los barcos petroleros tienen accidentes en el mar, las aves y otros animales quedan cubiertos de petróleo espeso y pegajoso.

Beneficios de usar combustibles fósiles:

- Los **combustibles fósiles** contienen una gran cantidad de energía. Ésta se libera fácilmente como energía calorífica y lumínica a través de la combustión.

- Las **centrales de energía** que utilizan combustibles fósiles comienzan a funcionar fácil y rápidamente.

- Es simple trasladar el carbón en camiones, trenes o buques.

- El petróleo y el gas natural pueden trasladarse mediante tuberías y almacenarse fácilmente en tanques.

Problemas causados por los combustibles fósiles:

- Transportar los combustibles a base de petróleo es peligroso, ya que pueden incendiarse con facilidad.
- Los combustibles fósiles son **no renovables**, de modo que un día se agotarán.
- Los combustibles fósiles causan **contaminación** durante su combustión, lo que genera el **calentamiento global**.
- Los derrames de petróleo causan daños en el **medio ambiente**.

En el futuro, la electricidad se **generará** de muchas formas diferentes. Hasta entonces, los científicos seguirán buscando nuevos lugares en los que puedan encontrarse combustibles fósiles y otros tipos de energía **renovable**.

◀ Este automóvil eléctrico genera electricidad utilizando combustible de hidrógeno.

Descubre más

Organizaciones

Combustibles fósiles

Environmental Literacy Council
Una organización dedicada a ayudar a los jóvenes a tomar decisiones informadas acerca de su impacto en el medio ambiente. Este sitio contiene vínculos que proporcionan una introducción a los combustibles fósiles, su uso, reservas disponibles y las perspectivas para el futuro.

Pide que un adulto te ayude a comunicarte con ellos en inglés:
1625 K Street, NW,
Suite 1020
Washington,
DC 20006-3868

Lectura adicional

Hunter, Rebecca. *Energy (Discovering Science)*. Chicago: Raintree, 2001.

Miller, Kimberly M. *What If We Run Out of Fossil Fuels?* New York: Children's Press, 2002.

Oxlade, Cariz. *Energy (Science Topic)*. Chicago: Heinemann Library, 1999.

Sneddon, Robert. Energy *From Fossil Fuels (Essential Energy)*. Chicago: Heinemann Library, 2001.

Búsqueda en la Internet

Para obtener más información acerca de **combustibles fósiles**, puedes realizar búsquedas en la Internet utilizando palabras clave como éstas:
- "combustibles fósiles"
- carbón + minería
- petróleo + refinado
- petróleo + usos
- "pozo de alquitrán"
- "gas natural"

Puedes encontrar tus propias palabras clave utilizando las palabras de este libro. Estos consejos te ayudarán a encontrar sitios web útiles.

Consejos para la búsqueda

Hay miles de millones de páginas en la Internet. Puede resultar difícil encontrar exactamente lo que buscas. Estos consejos te ayudarán a encontrar sitios web útiles más rápidamente:

- Utiliza palabras clave simples.
- Utiliza entre dos y seis palabras clave en cada búsqueda.
- Utiliza sólo nombres de personas, lugares o cosas.
- Utiliza comillas dobles para encerrar las palabras que van juntas, por ejemplo: "energía solar"

Dónde buscar

Motor de búsqueda

Los motores de búsqueda buscan en millones de páginas de sitios web. Listan todos los sitios que coinciden con las palabras del cuadro de búsqueda. Verás que las mejores coincidencias aparecen en primer lugar en la lista, en la primera página.

Directorio de búsqueda

En lugar de una computadora, una persona ha clasificado un directorio de búsqueda. Puedes realizar tus búsquedas por palabra clave o por tema y buscar en los diferentes sitios. Es como buscar en los libros de los estantes de una biblioteca.

Glosario

acero metal hecho con hierro

atmósfera capa de gases que rodea el planeta

átomo diminuta partícula que conforma toda materia

calentamiento global calentamiento excesivo de la Tierra causado por un aumento del efecto invernadero

carbono tipo de sustancia química

central de energía lugar en el que se genera electricidad

ciénaga humedal esponjoso y saturado de agua

cinta transportadora cinta de caucho que mueve objetos

combustible fósil combustible formado por los restos de plantas y animales antiguos

condensar pasar de estado gaseoso a líquido

contaminación sustancias nocivas en el aire, el agua o el suelo

contaminar ensuciar el aire, el agua y la tierra haciéndolos peligrosos

corte una de las diferentes sustancias del petróleo

derretido fundido

disolverse líquido o gas que se mezcla con agua

efecto invernadero forma en la que la atmósfera de la Tierra conserva el calor del planeta

energía capacidad de realizar trabajo. La luz, el calor y la electricidad son tipos de energía.

energía hidroeléctrica electricidad producida al utilizar la energía del agua en movimiento

energía solar energía producida utilizando el calor y la luz del sol

evaporarse pasar de estado líquido a gaseoso

filtro dispositivo que permite el paso de ciertas sustancias y no permite el paso de otras

fosilizado convertido en piedra

frente de explotación de carbón parte de una veta de carbón que está siendo cortada

generar hacer o producir

generador máquina que produce electricidad

geotérmico relacionado con el calor de las profundidades de la tierra

hundirse caerse

lluvia ácida lluvia que contiene sustancias que dañan construcciones y seres vivos

luz ultravioleta luz invisible que puede dañar la piel, los ojos y las plantas que están creciendo

materia prima sustancia natural que se utiliza para fabricar productos

medio ambiente el mundo que nos rodea

mineral sustancia que necesitan las plantas y los animales para mantenerse sanos

molécula pequeña partícula de una sustancia

neutralizar hacer que una sustancia sea neutra; es decir, ni ácida ni alcalina

no poroso no permite pasar líquidos ni gases

no renovable que se agotará un día y no puede reemplazarse

nuclear que utiliza la energía de los átomos

partícula pequeña porción de una sustancia

pesticida producto químico que mata insectos y otros organismos nocivos que dañan los cultivos

plataforma estructura de gran tamaño utilizada para extraer el petróleo que se encuentra bajo tierra o en el fondo del mar

poroso que deja pasar líquidos y gases

pozo hueco profundo y angosto

presión cantidad de fuerza que empuja un cuerpo

reaccionar forma en la que se comportan las sustancias al mezclarse

recuperar hacer que algo pueda volver a utilizarse

recurso energético algo a partir de lo cual podemos obtener cantidades de energía útiles

refinado limpiado, purificado

renovable que no se agotará y puede reemplazarse

represa barrera construida de un lado a otro de un río para crear un lago y almacenar agua

Revolución Industrial período de rápido desarrollo industrial a fines del siglo XVIII y a principios del XIX

smog mezcla de humo y niebla

turbina maquinaria que gira por efecto del agua, vapor, gas o aire

válvula llave que controla el movimiento del líquido o el gas en una tubería

vapor gas

vertedero depósito de desperdicios

veta de carbón lámina de carbón

yacimiento petrolífero reserva subterránea de petróleo

Índice

alquitrán de hulla 17
antracita 8–9
átomos 39

barcos petroleros 5, 22
biodiésel 38
búsqueda de petróleo 20–21

caballos mineros 12
calentamiento
    global 32–33, 43
carbón 5–17, 36, -37
carbón bituminoso 9
carbono 8, 9, 23
centrales de energía 9, 16,
    31, 39–41
contaminación 16,
    30–35, 43
convertidores catalíticos 34
coque 17
cortes de petróleo 23-24

derrames de petróleo 22, 42
desintegración
    del petróleo 24
destilación de petróleo 22–25
dióxido de carbono 32, 33
dióxido sulfúrico 30, 31

efecto invernadero 32–33
electricidad 16, 29
energía 4, 37, 38–39, 40–41
energía de las plantas 38
energía eólica 40
energía geotérmica 39
energía hidroeléctrica 40-41
energía nuclear 39
energía renovable 36,
    40–41, 43
energía solar 40-41

extracción a cielo
    abierto 10–11

fabricación de acero 17
filtros 16
fósiles 5, 6, 7, 9

gas 24–25, 26–29,
    36, 42–43
gas de hulla 17
gas natural 5, 26–29, 36, 42
gases
    de invernadero 32–33
gases y calentamiento
    global 32–33
gasolina 24
geólogos 20

hidrocarburos 23
hidrógeno 38, 43

lámpara de seguridad 27
lámparas de Bunsen 28
lignito 9
lluvia ácida 30, 31, 34
luz ultravioleta 35

metano 27, 32
minerales 31
minería 10–13, 27
minería de cámara
    y pilar 13
minería de frente largo 13
minería subterránea 12–13
moléculas 23
motores 14–15
motores a vapor 14

nafta 25

ozono 35

pantanos 6–7
petróleo 5, 18–27, 36–37
plataformas
    de perforación 20
plataformas
    petroleras 20, 21
pozos 21, 26–27
pozos de alquitrán 19
pozos productivos 26–27

recuperación de la tierra 11
refinado de petróleo 22–25
residuo 24, 25
reventones 21
Revolución
    Industrial 14–15

separación del gas 27
smog 15, 35

turba 8
turbinas 39

uranio 39

válvulas 21
vapores 23
vetas de carbón 10, 12-13
volcanes 30

yacimientos de gas 26–27
yacimientos
    petrolíferos 19–21

48